Inhalt:	Seite
Im Katzenkränzchen	9
Schnatts abenteuerliche Reise	39
Die Bremer Stadtmusikanten	67
Hans Wundersam	97

Ebenfalls als limitierter Sonderband bereits erschienen:
„Willkommen, schöne Zeit!", ISBN 3-87286-108-5

© 1998 Alfred Hahn's Verlag
Esslinger Verlag J.F.Schreiber · Esslingen, Wien.
Anschrift: Postfach 10 03 25, 73703 Esslingen.
Alle Rechte vorbehalten. (14440)
ISBN 3-87286-109-3

MEIN GOLDENER BILDERREIGEN

Alfred Hahn's Jubiläumsband

MEIN GOLDENER BILDERREIGEN

Bilder von Arthur Thiele, C. O. Petersen, Fritz Koch-Gotha
und Ernst Kutzer
Texte von Albert Sixtus, Walter Andreas (nach Marianne
Speisebecher), Wilhelm M. Busch und Adolf Holst

ALFRED HAHN'S VERLAG · ESSLINGEN, vormals Leipzig

Im Katzenkränzchen
Ein lustiges Bilderbuch

mit Bildern von **Arthur Thiele** und Versen von **Albert Sixtus**

Alfred Hahn's Verlag · Esslingen, vormals Leipzig

„Schön' guten Tag, Frau Hopsasa!
Ich komme von der Mi-Mama:
Sie möchten uns besuchen
um vier mit Ihren Kinderlein.
Doch bitte – ja recht pünktlich sein!
's gibt Semmeln, Milch und Kuchen."

Die Mutter sagt: „Das freut mich sehr!" –
und holt ihr seidnes Kleidchen her,
dazu die bunte Krause.
Dann zieht sie ihre Kinder an,
die Schnurri und den Mauzelmann,
und geht zum Katzenschmause.

Der gute Vater aber spricht:
„Zum Katzenkränzchen geh' ich nicht!
Ein Mann, der muß sich plagen!
Mit meinen Freunden werd' ich mir
ein riesengroßes Rattentier
am Bachesrande jagen."

Pochpoch-klingling! – „Da sind Sie ja!
Willkommen, Freundin Hopsasa!
Wie geht's dem lieben Gatten?
Und sind die Kinderchen gesund?"
– „Ich danke – dick und kugelrund!
Mein Mann jagt heute Ratten!"

„So – bitte nehmen Sie hier Platz
bei der Frau Obermausekatz!
Die Kleinen bring' ich hinter.
Dort sind schon Munz und Zuckerleck
und Hops und Schlich und Mäuseschreck
und andre nette Kinder."

Wie ist die süße Milch so gut!
Die Kätzchen sitzen frohgemut
vor ihren kleinen Tassen.
Sie tauchen ihre Semmeln ein
und essen – o wie schmeckt das fein! –
auch Kuchen noch in Massen.

Dann wird ein Haschespiel gemacht,
bis alles durcheinanderkracht!
Schnurri fällt von der Leiter
und reißt dabei den Ofen um.
O weh – da fliegt der Ruß herum
und auf die schönen Kleider!

Die Mütter hören's voller Schreck
und laufen von der Tafel weg
ins Katzenkinderstübchen.
Miau – miau – es ist ein Graus!
Wie kleine Mohren sehen aus
die Mädchen und die Bübchen!

Die Mamas lecken schlipp und schlapp
die bösen schwarzen Flecke ab
mit ihren roten Zungen.
Nach einer Weile – Gott sei Dank –
sind alle Kinder wieder blank,
die Mädels wie die Jungen.

Nun spricht Frau Rätin Silberohr:
„Ach, Fräulein, singen Sie uns vor
das Lied vom Abendsterne!" –
Und Mimi ist sogleich bereit,
sie singt das Lied voll Innigkeit,
und alle hören's gerne.

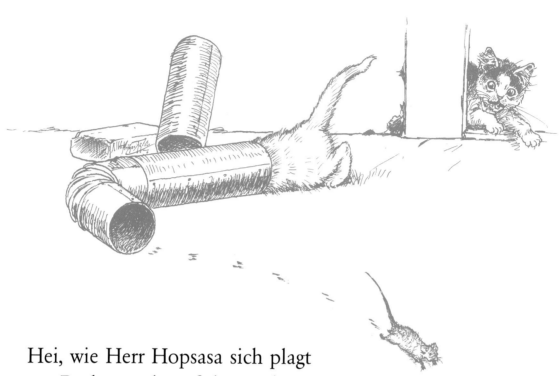

Hei, wie Herr Hopsasa sich plagt
am Bachesrande auf der Jagd
mit einem Rattentiere!
Das faucht und zischt und springt umher –
da plötzlich donnert das Gewehr:
das Tier streckt alle Viere.

Mit seinen Freunden trägt alsdann
das Tier der kühne Jägersmann
nach Hause zu den Frauen.
Dort ruft er laut und frohbewegt:
„Dies wilde Tier hab' ich erlegt!"
Und alle stehn und schauen.

Es ist doch klar, daß solch ein Schuß
sogleich gefeiert werden muß!
Drum tritt man an zum Tänzchen.
Zwei Herren machen mit Geschick
die schönste Katzenblasmusik.
Wie wackeln da die Schwänzchen!

Nun ist es endlich Zeit zu gehn.
Der Hausherr sagt: „Auf Wiedersehn!
Ich darf wohl alle laden
auf morgen nachmittag um vier.
Ein großes Schlachtfest gibt's bei mir
mit Milch und Rattenbraten!"

Schnatts abenteuerliche Reise

Lustige Tiergeschichten
Nach Marianne Speisebecher neubearbeitet von Walter Andreas

Mit Bildern von C. O. Petersen

Alfred Hahn's Verlag · Esslingen

Vormals Leipzig

Es lebte schon so manches Jahr
im Dorfe eine Entenschar.
Des Morgens wackelt man zum Teich
und rutscht ins kühle Naß sogleich.

Man paddelt, gründelt, geht ans Land,
sonnt mittags sich im warmen Sand,
und abends watschelt man nach Haus —
so ging es schon jahrein, jahraus.

Jedoch der kleine Erpel Schnatt
bekam dies Leben gründlich satt.
Er dachte oft: Wenn ich nur wüßt',
wie es in andern Ländern ist.

Und täglich hört der kleine Mann
das laute Storchgeklapper an.
Da wird erzählt vom Meeresstrand,
von Afrika und Wüstensand.

Ach könnt ich, denkt er, spät und früh,
fortziehen einmal, so wie sie!
Er sagt zum Storchpapa: „Ich bitt',
nimm mich doch auf die Reise mit!"

Der lacht und sagt natürlich: „Nein,
du bist dazu noch viel zu klein."
Nun reckte Schnatt sich auf die Zeh'n,
um groß und älter auszusehn.

Und als der bunte Herbst erschien,
sprach Schnatt: „Ach, Vater, laß mich ziehn!
Die Störche rüsten schon zum Flug,
jetzt bin ich sicher groß genug."

Da hat die Mutter sehr geweint.
Der gute Vater aber meint:
„Zieh hin! Und grüß im Türkenlande
den reichen Onkel und die Tante!"

Die Tasche packen sie im Nu,
Schnatt holt sein Mützchen auch herzu;
dann geht es fort. Man wünscht viel Glück.
Es wird gewinkt — man winkt zurück.

Die Störche staunten, wie der Schnatt
mit ihnen Schritt gehalten hat.
Und blickte dieser tief hinunter,
erschien ihm alles wie ein Wunder:

Der breite Fluß, die Bergesrücken,
die Dampfer, Kähne und die Brücken,
die Stadt, die Kirchen, jedes Haus,
das alles sah wie Spielzeug aus.

Geflogen waren sie schon weit.
Da kam ein Wasser, groß und breit.
Und freudig rief der Storchpapa:
„Hier ist das Meer, die Adria!"

Doch überm Meere klagte Schnatt:
„Ich kann nicht mehr, ich bin so matt."
Da sprach der Storch: „Mein kleiner Matz,
dort unten ist ein Ruheplatz.

Das Inselchen, zwar etwas klein,
wird grad für uns am besten sein."
Gesagt — getan! Ach! ist das schön,
einmal nicht fliegen, sondern stehn! —

Da spritzt empor ein Wasserstrahl!
Die Insel nämlich war ein Wal.
Und eine Stimme grunzt dabei:
„Jetzt geht die Reise zur Türkei!"

Das Türkenland ist wunderschön,
und vieles spaßig anzusehn.
Auch Schnatts Verwandtschaft läuft umher,
als wenn dort immer Fasching wär.

Da steht er nun am Gartentor
und holt des Vaters Brief hervor.
Doch Onkel, Tante und die Base
verziehen vornehm nur die Nase.

Und als er spricht vom Teich zu Haus',
weist ihn der Onkel barsch hinaus
und ruft: „Verwandt sind wir, du Wicht,
mit solchen armen Leuten nicht!"

Schnatt fliegt zurück zum Storchenpaar,
wo grad Besuch gekommen war,
Flamingos, rosa das Gefieder,
schlank und beweglich Hals und Glieder.

Bekanntschaft machen sie sofort,
Verbeugung hier — Verbeugung dort.
Und denkt euch nur — nach kurzer Frist
der kleine Schnatt ihr Liebling ist.

Bald ziehen sie zusammen weiter
fort nach Ägypten froh und heiter,
wo bestes Futter unser Schnatt
am schönen Nil gefunden hat.

Es lebte sich am Nil sehr nett,
wenn er nicht Krokodile hätt'.
Der Schnatt hat dieses nicht gewußt
und schmauste voller Herzenslust.

Ein solches Vieh heran sich schlich
und schnappte nach dem Enterich.
Jedoch im letzten Augenblick
riß ein Flamingo ihn zurück.

Er packte ihn an seinem Kopf.
Wie quäkt dabei der arme Tropf!
Natürlich wurde ihm nun klar,
wie friedlich es zu Hause war.

Dann sagt der Storch: „Ich weiß Bescheid,
die Pyramiden sind nicht weit,
wo auch Kamele ziehn daher,
bepackt mit Lasten, groß und schwer."

Das Storchenehepaar mit Schnatt
sich jetzt dorthin begeben hat.
Bewundert wurde und beschaut,
was vor Jahrtausenden gebaut.

Die Hitze aber quälte sehr
und Durst und Hunger noch viel mehr.
„Drum laßt uns zur Oase fliegen",
meint Vater Storch, „sie muß dort liegen!"

Doch hatten sie den Weg verpaßt
und fanden weder Ruh' noch Rast.
Nicht Palmen sah man, grünes Land,
es kam ein Sturm mit Wüstensand,

der warf die Vögel auf und nieder,
zerfetzte schrecklich ihr Gefieder,
riß auch den armen Schnatt mit fort
an einen unbekannten Ort.

Allein stand er die ganze Nacht
und hat nur an daheim gedacht.
Doch früh erblickt er die Oase,
sie lag ihm grade vor der Nase.

Dort aber war das Affenland,
wo mancher Affenbrotbaum stand.
Schnatt futtert friedlich. — Da, ein Schmerz!
Ein Affe hatte ihn am Sterz.

„He, he, du Bursche, du bist keck,
du stiehlst uns ja das Futter weg!"
Die andern laufen rasch hinzu,
und sie umringen Schnatt im Nu.

Der Oberaffe aber spricht:
„Bringt mir den Dieb vor das Gericht!"
Gefesselt wird der kleine Mann,
damit er nicht entwischen kann.

Drei Affen halten das Gericht,
wobei der allerdümmste spricht:
„Der Übeltäter wird gehängt
und ihm das Leben nicht geschenkt.

Hast du noch einen Wunsch? Dann sprich!"
„Vorm Hängen", sagt Schnatt, „fürcht' ich mich.
Wenn ich nun einmal sterben muß,
versenkt mich in den tiefsten Fluß."

Das wird gemacht. — Doch Schnatt taucht unter,
schwimmt unterm Wasser hin ganz munter,
fliegt lachend dann empor — juchhei!!
und hört nur noch ein Wutgeschrei.

Er flog und wußte nicht wohin,
nur nach der Heimat stand sein Sinn.
Da ruft — ist das nicht wunderbar —
dicht neben ihm das Storchenpaar:

„Zu Hause zog der Frühling ein,
schon morgen wollen wir dort sein!"
Das gibt Schnatt wieder Mut und Kraft,
und wirklich — früh ist es geschafft.

Die gute Mutter ist beglückt,
hat ihren Sohn ans Herz gedrückt,
und was im Hofe Federn hat,
begrüßt den weitgereisten Schnatt.

Und er erzählt von Afrika,
vom Nil und von der Sahara.
Die Kücken halten keine Ruh,
sie hören ihm neugierig zu.

Im Herbste fragt das Storchenpaar:
„Kommst du mit uns wie letztes Jahr?"
Da meint der Schnatt: „Ich bleibe hier,
daheim ist es am wohlsten mir.

Jetzt liebe ich mein Vaterhaus,
mich zieht nichts in die Welt hinaus.
Nur die Flamingos grüßt mir schön.
Lebt wohl! Im Lenz auf Wiedersehn!"

Die Bremer Stadtmusikanten

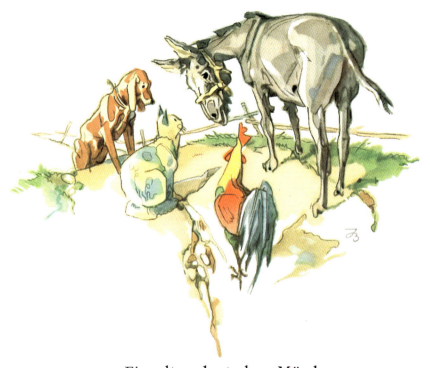

Ein altes deutsches Märchen
neu erzählt von Fritz Koch-Gotha

ALFRED HAHN'S VERLAG · ESSLINGEN, vormals Leipzig

Ein Müller hatte einen Esel, der hatte ihm so lange treu gedient, bis er alt und hinfällig geworden war und die schweren Korn- und Mehlsäcke nicht mehr schleppen konnte. Darüber ärgerte sich der Müller, und er hatte keine Lust, ihn noch zu füttern, als es nun wieder Winter werden wollte und draußen nichts mehr wuchs, womit sich der Esel selbst ernähren konnte. Er ging also hin, riß die Stalltür auf und schrie seinen treuen Knecht an: „Marsch, raus da! Für so ein Faultier habe ich kein Futter! Sieh zu, wie du dich allein durchbringst!"

Das hatte der Esel nicht verdient. Er war sehr erschrocken und sehr traurig; aber er mußte gehen, sonst hätte er obendrein noch Prügel bekommen.

Da stand er nun an einem häßlichen Novembertag einsam und allein auf der Welt und weinte bitterlich. Wie er aber so vor sich hinjammerte, bemerkte er auf einmal etwas, was er vorher noch nie bemerkt hatte, nämlich, daß er eine sehr schöne Stimme hatte. Das wunderte ihn aber nicht, denn er dachte, die hätte er wohl von seinem verstorbenen Großvater geerbt, von dem ihm erzählt worden war, daß er einmal zur holden Maienzeit mit dem Kukkuck um die Wette gesungen hätte. Davon sollte es sogar ein Liedchen geben. Und plötzlich ging ihm ein Licht auf, und seine Augen strahlten vor innerer Erleuchtung.

„Ich werde Sänger!" rief er freudig. „Damit kann ich eine Menge Geld verdienen."

Und weil er einmal gehört hatte, daß Bremen eine große Stadt wäre, in der viele reiche Leute wohnten, nahm er sich vor, nach Bremen zu wandern und dort Stadtmusikant zu werden.

Vergnügt trottete er auf der Landstraße dahin und holte bald einen alten Hund ein, den er schon seit einiger Zeit hatte vor sich her hinken sehen. Weil er den Eindruck machte, daß es ihm recht schlecht ginge, redete der Esel ihn an und erkundigte sich freundlich nach dem Woher und Wieso. Er erfuhr, daß der einsame Wanderer Jagdgehilfe von Beruf war, daß er aber diese einträgliche Stelle seines Rheumatismus' wegen verloren hatte.

„Die Hasen nehmen gar keine Rücksicht", schluchzte er. „Ich kann doch nicht mehr so schnell laufen! Ich kann nur noch jaulen, und davon kann man nicht leben."

„Gerade davon!" schrie der Esel. „Wenn Ihr singen könnt, Mann, dann ist Euer Glück gemacht."

Und er erzählte ihm, welcher glänzenden Zukunft er selbst als Stadtmusikant von Bremen entgegenginge.

„Schlagt ein und kommt mit!" rief er begeistert.

Da fiel ihm der Hund, vom Glück überwältigt, um den Hals.

„Wundervoll!" jubelte er. „Das trifft großartig zusammen! Gerade, wenn mich das Rheuma plagt, gelingen mir die schönsten Lieder. Meine Mondscheinserenaden haben bei den Menschen immer Aufsehen erregt und viel von sich reden gemacht."

So wanderten sie gemeinsam weiter, und als sie einen allerdings etwas heruntergekommen aussehenden Kater trafen, der trübsinnig am Wege saß, ließen sie sich bei ihm nieder, um ein wenig auszuruhen.

„Warum so nachdenklich, lieber Freund?" fragte der Esel teilnahmsvoll.

„Ja", brabbelte der Kater, „ich bin ein bißchen alt geworden, und die Mäuse tanzen mir auf der Nase herum, weil ich sie nicht mehr fangen kann. Da habe ich mir einen Goldfisch aus dem Glase genommen, und da haben mich die Leute rausgeworfen, bei denen ich wohnte. Nun kann ich sehen, wie ich mich durchbringe."

Er starrte vor sich hin und summte dabei leise die Melodie von „Ach, du lieber Augustin". Aber auf einmal, von der Macht der Musik überwältigt, schmetterte er aus voller Brust eine von den Arien, die er früher auf den Dächern gesungen hatte.

Dem Esel und dem Jagdgehilfen stockte der Atem bei dieser unverhofften Offenbarung einer herrlichen Begabung, beim köstlichen Schmalz der Stimme und der Innigkeit des Vortrages, und sie hatten sich kaum wieder gefaßt, als sie wie aus einem Munde riefen:

„Ihr seid unser Mann! Kommt mit uns nach Bremen!"

„Topp", sagte der Kater zu dem Vorschlag.
Während sie nun also zu dreien rüstig fürbaß schritten, sangen sie manches fröhliche Wanderlied. Denn bei den glänzenden Aussichten, die ihnen winkten, hatten auch der Hund und der Kater neuen Mut geschöpft und frische Kräfte gewonnen. Als aber die Türme von Bremen noch immer nicht auftauchen wollten, wurden sie bedenklich.
„Wenn wir nun in der verkehrten Richtung laufen und nach Rom kommen?" murrte der Kater. „Ich kann nicht italienisch. Und überhaupt, ich glaube, Bremen gibt's gar nicht, wenn schon niemand den Weg weiß."
Aber da stand auch schon ein Wegweiser. Nun wußten sie zwar, daß sie auf der richtigen Straße waren, aber sie sahen auch, daß sie noch sechs Stunden zu wandern hatten. Das war zuviel für heute, denn es war schon spät am Nachmittag, sie waren ziemlich müde, und tüchtigen Hunger hatten sie auch. Doch eine Herberge, wo sie hätten rasten können, war weit und breit nicht zu sehen.

Da kamen sie an einem schönen Bauernhof vorbei. Auf dem Hoftor stand ein prächtiger Gockelhahn und krähte aus aller Kraft. Sie hatten ihn schon von weitem gehört. So blieben sie stehen, und der Esel fragte:

„Ihr wohnt wohl hier, Gevatter?"

„Nur noch bis heute abend", antwortete betrübt der Hahn. „Morgen soll's beim Bauern zum Mittagessen Nudelsuppe geben, mit mir drin, und da sing' ich vorher noch ein bißchen".

„Na hört mal", entrüstete sich der Hund, „das ließe ich mir doch nicht gefallen! Mit Eurer Stimme findet Ihr überall Euer Auskommen. Wenn ich Euch gut raten soll — nichts wie raus hier!"

Das hatte der Hahn ja nun auch schon gedacht, und die drei nahmen ihn in die Mitte, als sie schleunigst machten, daß sie weiterkamen, ehe jemand etwas merkte.

Der Hahn war bereit, mit nach Bremen zu ziehen, und so waren sie ein Quartett; aber wie sie zu einem Abendbrot und zu einem Nachtquartier kommen sollten, das wußten sie noch immer nicht. Dabei war inzwischen die Sonne untergegangen. In einem dichten Walde, durch den sie kamen, entschlossen sie sich, nach dem aufregenden Tage wenigstens erst einmal zu schlafen. Denn schlafen, wenn man müde ist, kann man zur Not überall, aber essen, wenn man Hunger hat, kann man nur, wenn man etwas hat. Weil sie nichts hatten, aber schlafen wollten, mußten sie eben hungrig schlafen gehen.

Der Esel und der Hund machten es sich also im abgefallenen Laub unter einem mächtigen Baum gemütlich, der Kater schwang sich in eine Astgabel, und nur der Hahn wollte vom höchsten Wipfel aus erst noch einmal nach einer Herberge Umschau halten. Er hatte Glück. In gar nicht großer Entfernung erspähte er Licht. Die gute Nachricht brachte alle wieder auf die Beine, und sie folgten dem Hahn in der Richtung, die er ihnen zeigte.

Nicht lange, da standen sie mitten im Walde vor einem hübschen Schlößchen mit hell erleuchteten Fenstern. Man hörte, daß da drinnen viele Leute waren, denen es gut zu gehen schien, und aus der Küche duftete es so herrlich nach Braten, daß den armen Hungrigen das Wasser im Munde zusammenlief. Sicher tafelte hier der Graf mit seiner Jagdgesellschaft. Da mußte mancherlei Leckeres abfallen. Der Kater hüpfte hoffnungsfroh auf eine Fensterbank, um erst einmal zu sehen, wie es da drinnen zuging, aber er kam sofort mit gesträubtem Schwanz zurück und schrie schreckensbleich:

„Räuber! Sie sitzen an einem vollen Tisch, und ich kann Euch gar nicht sagen, was es da alles gibt!"

„Jaja, die Räuber." Der Esel nickte vor sich hin. „Ich hab's ja immer gesagt. Dürfen sie denn das eigentlich? Und wir? Was machen wir?"

„Wir schmeißen sie raus!" rief der Hund, tatkräftig, wie die Jägersleute sind.

Er sagte das aber nicht nur so, sondern er wußte auch gleich, wie, und ging sofort ans Werk.

„Wir schleichen jetzt alle leise vor das Mittelfenster. — Psst, Maestro", — damit meinte er den Esel — „macht nicht solchen Krach mit Euren harten Füßen. Die stellt Ihr vielmehr jetzt hübsch sachte hier auf die Fensterbank. — Gut. Ich besteige nun Euren ehrwürdigen Rücken. Auf den meinen hopst der Kater — seht Euch bitte ein bißchen vor mit Euren Krallen, wenn Ihr Euch festhaltet, Herr Sangesbruder —, ganz oben, wenn's gefällig ist, Herr Kantor Hahn. Steh'n wir alle fest? — Schön. — Und nun wird gezählt: eins, zwei, drei. Bei drei stößt jeder einen markerschütternden Schrei aus, und unmittelbar anschließend stürzt alles vorwärts zum Fenster hinein. Alles klar? Also los — nochmal tief Luft holen — eieins — zweiei — drrrei! Hihä! Bumms, klirr, schnedderengdeng, bautz! Druff und 'rin!"

Die Räuber schwitzten schon vom vielen Essen und hatten darum eine Pause eingelegt. Sie hatten eben ein munteres Räuberlied angestimmt, als draußen plötzlich ein gellendes Geschrei erscholl, so gräßlich, daß es ihnen eiskalt über den Rücken lief. Und da flogen auch schon klirrend die Fensterscheiben in den Saal, und herein stürzten aus der dunklen Nacht wild brüllend eine Schar ungeheuerlicher Spuckgestalten mit gefletschten Zähnen und gezückten Krallen, behaart und gefiedert, unmenschlich anzusehen, schauerliche Rachegeister, wie sie ja nun einmal über die bösen Räuber kommen mußten. Sie sprangen mitten auf die Tafel und den Bösewichten auf Köpfe und Rücken.

Die Räuber waren zuerst starr vor Entsetzen, dann fuhren sie von den Stühlen hoch — alles rannte und schrie durcheinander. Stühle polterten, Schüsseln und Teller rasselten und prasselten mitsamt den Speisen auf den Fußboden, Soße spritzte umher, und aus umgeworfenen Flaschen und Humpen ergoß sich der edle Rotwein schonungslos auf das gute Tischtuch.

Viele Kerzen waren verloschen. Der Hauptmann rannte mit einem Auge gegen eine halboffene Tür, daß die Funken stoben, der Feldwebel stieß sich fürchterlich die Kniescheibe. Hier stolperte einer über einen Stuhl und schlug mit der Nase gegen die Tischkante, dort glitt einer auf dem Kartoffelsalat aus und setzte sich mitten in einen Scherbenhaufen von kostbar geschliffenem Kristall. Einer hatte sogar eine Gabel da stecken, wo sie eigentlich nicht hingehörte, und manche hatten sich ins Tischtuch verwickelt und fanden nicht wieder heraus. Am Ende war jeder froh, wenn er nur mit einer blutenden Nase, einer Beule oder einem zerschundenen Schienbein ins Freie gekommen war.

Kaum war der letzte draußen, da machten sich die Sänger erst einmal über das Essen her. Daß es ein bißchen durcheinander gekommen war, störte sie nicht. Am schlechtesten war der Esel dran, weil er Grünzeug nur in Form von Salat fand, den er nicht mochte. Später allerdings kam er mit prächtigem Obst, das er etwas abseits entdeckte, noch auf seine Kosten.

Als sie alle rundum hübsch satt waren, suchten sie sich eine Schlafstätte, jeder nach seiner Gewohnheit. In der Küche war's schön mollig. Der Kater kauerte sich neben die warme Asche auf den Herd, der Hund rollte sich auf einer Matte neben der Tür zusammen, der Hahn flog auf einen Balken unter der Decke, aber der Esel wählte sein Nachtlager im Hof auf dem Mist, denn er liebte frische Luft.

Unterdessen liefen die Räuber, was sie konnten, und machten erst vor einer Höhle im Walde halt. Weil keiner wußte, vor wem sie eigentlich ausgerissen waren, machte sich ein starker Mann auf, der hingehen und nachsehen wollte.

Das Haus lag dunkel und still. Er schlich sich leise in die Küche. Auf dem Herde sah er noch zwei glühende Kohlen. An ihnen wollte er sich einen Span anzünden, um sich etwas Licht zu machen, denn er hörte wohl Leute schnarchen, aber er sah nichts. Doch mit seinem Span kam er schlecht an! Was er für glühende Kohlen gehalten hatte, das waren in Wirklichkeit die Augen des Katers. Der fuhr ihm gleich spuckend und fauchend ins Gesicht und zerkratzte ihn so jämmerlich, daß der Räuber eiligst das Weite suchte. An der Tür trat er dem Hund auf die Pfote, und der biß ihn gleich wütend in die Waden. Zum Abschied bekam er noch einen tüchtigen Fußtritt vom Esel mit, und zu allem schrie der Hahn sein Kikeriki.

Froh, mit dem Leben davongekommen zu sein, aber übel zugerichtet, kam der Räuber in die Höhle zurück und erzählte, was er erlebt hatte.

„Zuerst war da eine greuliche Hexe, die ist mir mit allen zehn Krallen ins Gesicht gefahren und hätte mir beinahe die Augen ausgekratzt. Dann bekam ich von einem, der mir an der Tür aufgelauert hatte, ein paar Messerstiche in die Waden. Und als ich mich in Ordnung über den Hof zurückzog, war da ein gewaltiger Riese, der gab mir mit einer Keule eine Wucht, daß ich mich wundere, wie ich's überstanden habe. Ich hätte sie aber trotzdem alle besiegt, wenn da nicht einer gewesen wäre, der ganz oben saß. Der war wohl der Anführer, und der schrie immerfort: ‚Killikilliiiie!' Das ist englisch, und das heißt ‚Hängt den Kerl auf!'!"

Da bekam auch der Hauptmann Angst und kommandierte: „Ganze Räuberbande linksum kehrt! Laufschritt, marsch, marsch!"

Und sie wetzten davon, hast du nicht gesehen, so weit, daß man bis heute noch nicht weiß, wo sie geblieben sind.

Die Sänger hätten nun zwar von ihrer Eroberung eine ganze Weile leben können, aber der künstlerische Ruhm lockte sie mehr als der kriegerische. So frühstückten sie am nächsten Morgen erst noch einmal herzhaft, steckten sich jeder allerlei Gutes zur Wegzehrung ein und machten sich schon frühzeitig auf nach Bremen. Dort kamen sie um die Mittagszeit an.
Als sie auf dem Markt die vielen Menschen sahen, hielten sie es für richtig, sich sofort vorzustellen, und gaben, wie sie gingen und standen, ihr erstes Konzert. Alle Leute liefen zusammen und hörten zu. Die Sänger ernteten donnernden Beifall und waren mit einem Schlage berühmt.
In allen Zeitungen standen lange lobende Besprechungen von den ersten Kritikern, alle Welt sprach von ihnen, und zu allen späteren Konzerten strömten Grafen und Barone, Bürger und Bauern mit Kind und Kegel, Mann und Maus, Opas und Omas, Onkeln und Tanten, zu Fuß, zu Roß und zu Wagen von weit her zusammen. Die Seefahrer, die im Hafen lagen, trugen ihren Ruhm in ferne Länder, und wenn sie im Radio sangen, konnte man noch lange hinterher das Getöse hören, das die Menschen machten, wenn sie klatschten.
Bald hatten sie alle Taschen voll Geld, und der Esel konnte gar nicht alle Lorbeerkränze und Blumen aufessen, die sie bekamen. Der Senat ernannte sie zu Stadtmusikanten. Das war eine große Ehre.
Es ist schon lange her, daß sie gestorben sind, aber man kennt sie noch heute. In Bremen ist ihnen sogar ein Denkmal aufgestellt worden. So was bekommen nur ganz berühmte Leute.

Ein Wanderbursch zog über Land,
der war Hans Wundersam genannt,
trug Ränzel, Stab und Nagelschuh
und pfiff sich eins und fror dazu.

Die Welt war weit, der Wind blies kalt,
in tiefem Schnee lag Feld und Wald;
Hans Wundersam, der träumte schön,
wie er möcht' in den Himmel gehn.

Da hört' er plötzlich aus dem Schnee
ein Stimmchen, bang und bitterweh,
und sieh – welch Wunder ihm geschah: –
ein kleiner Engel hockte da;

der weinte sehr und greinte sehr
und konnte nicht nach Hause mehr,
weil ihm ein Flüglein steif gefror
und auch die Händlein und das Ohr.

„Ei, Herzchen", rief Hans Wundersam,
„wie gut, daß ich vorüberkam!
Gelt, Flügelmatz, da bist du froh?
Na ja, nun weine nur nicht so!"

Dann nahm er's gleich auf seinen Arm
und herzte es und hegt' es warm,
tat auch recht sorglich und geschickt,
daß er kein Federlein ihm knickt.

So stapfte er drei Stunden fast
und freute sich der süßen Last,
bis unser Englein schrie: „Hurra!
Hans Wundersam, da sind wir ja!"

Und wirklich, eine Stiege stand,
geklemmt in steiler Felsenwand,
so wolkenhoch, so wendelkrumm,
der Hans fiel fast vor Schrecken um.

Das Englein aber lachte drauf:
„Ja, ja, da müssen wir hinauf!
Dies ist der Weg ins Himmelreich,
's ist ziemlich hoch, drum komm nur gleich!"

Der Hans, der fand das wunderlich
und wollte nicht und sträubte sich;
das Englein aber fleht' und bat,
bis er ihm den Gefallen tat.

Da hüpft' es hurtig vor ihm her;
Hans Wundersam, der schnaufte sehr,
doch wenn ihm schwindlig ward
                      und schwach,
gleich half der Flügelmatz ihm nach.

Sankt Peter sah aus seiner Ruh
erstaunt dem Himmelsrutschen zu;
„ei", brummt' er drauf in seinen Bart,
„welch sonderbare Himmelfahrt!"

Da standen sie schon vor dem Tor,
und unser Englein stellte vor,
fing auch gleich zu berichten an,
was Gutes ihm der Hans getan.

„Ach, liebster Niklas, bitte schön!
laß deine Wunder uns besehn,
die Werkstatt und die ganze Pracht,
wie man das Kinderspielzeug macht!"

Da nickte Niklas: „Nun, es sei!
Doch brecht mir nichts davon entzwei,
denn jedes Kind zum Heil'gen Christ
will nur, was heil und sauber ist."

So zogen sie denn allzumal
beglückt zum Spielzeug-Wundersaal,
und Hans, in all dem Saus und Braus,
kam aus dem Staunen nicht heraus.

Da ward gehämmert und geklopft,
geleimt, gebügelt und gestopft,
geklebt, geschnitten und getuscht
und eifrig hin und her gehuscht.

Da konnte man so recht mal sehn,
wie all die Sachen hier entstehn;
und war ein Flattern kreuz und quer
und Lärm und Lachen ringsumher.

Die einen schleppten huckepack
die Nüsse und den Äpfelsack,
die andern klebten Gold darauf
und hingen's dann zum Trocknen auf.

Doch als Hans Wundersam sie sah'n,
da hub ein großes Jubeln an,
die Kleinsten waren rein wie toll
und stopften ihm sein Ränzel voll.

Als sie nun alles recht besehn,
bedankten sie sich beide schön;
und 's Englein winkte: „Ganz egal,
jetzt zeig' ich dir die Hölle mal!"

Sie krochen leis den Turm hinauf,
und 's Englein stieß ein Fenster auf
und reckte sich und hob den Hals,
und Hans, der tat das ebenfalls.

Da sahen sie in dem Höllenpfuhl
den Teufel auf dem Flammenstuhl
mit Pferdefuß und Schweif und Spieß,
so grinst' er nach dem Paradies.

Und all die schwarzen Teufelein,
die fingen greulich an zu schrein,
war ein Gezeter und Gezank
und Ruß und Pech und Schwefelstank.

Aus Wolkenduft und Weihnachtsschnee
auf stieg das Schloß zur Himmelshöh',
viel goldne Türmlein ohne Zahl,
die funkelten im Sonnenstrahl.

Ein Engelwächter, weiß im Kleid,
der wußt' von allem schon Bescheid
und sprach zum Hans: „Tritt nur herein!
Das Christkind wartet drinnen dein." –

Da stand er vor dem lieben Kind
und neigte Haupt und Knie geschwind;
ihm ward so froh, ihm ward so süß:
„Nun bin ich drin im Paradies!"

Christkindlein sprach: „Die Hand mir gib!
Hans Wundersam, ich hab' dich lieb.
Dein Herz ist gut, dein Herz ist rein,
so geh in meinen Himmel ein!

Und schaust du was, das dir gefällt,
so nimm dir's mit zur Erdenwelt,
das sei dir Dank und Himmelssold,
weil du dem Englein lieb und hold!"

Da brachten ihn zwei Engel gleich
zum Weihnachtssaal im Himmelreich,
dort strahlt' der Baum im Kerzenglühn,
und hundert Englein putzten ihn.

Sie flogen hin, sie flogen her
durch Tannenduft und Lichtermeer
und sangen froh mit süßem Schall
die lieben Weihnachtslieder all:

„Vom Himmel hoch" und „Stille Nacht",
und was das Christkind uns gebracht;
das klang so selig, süß und klar,
Hans Wundersam, der weinte gar.

Dann aber fröhlich weiter ging's
durch hundert Säle rechts und links,
drin aufgestellt die ganze Pracht,
was in der Werkstatt man gemacht.

Da fehlte nichts, ob groß, ob klein,
vom Tischchen bis zum Tellerlein,
vom Häschen bis zum Puppenschrank
war alles da und blitzeblank:

Die Schaukel und die Eisenbahn,
das Dorf, die Hühner und der Hahn,
die Bilderbücher und der Ball,
Theater, Burg und Pferdestall;

das funkelte, das flimmerte
und glitzerte und schimmerte,
wohin man sah, wohin man schaut',
auf tausend Tischen aufgebaut.

Dem Hans, dem ward ganz kinderfroh,
er rief nur immer „Ach!" und „Oh!"
und dacht' bei jedem Schritt und Tritt:
„Das nehm' ich mit! das nehm' ich mit!"

Das Englein aber schrie: „Nein, nein!
Es muß noch was viel Schönres sein",
und hielt den Hans am Zipfel fest,
bis daß er sich bereden läßt.

Da kam nun Hans hereinmarschiert
und hätte beinah sich geniert,
zog seinen Hut und winkte fein:
„Grüß Gott! ihr lieben Kinderlein!"

Gleich fingen sie zu kichern an
und lachten laut: „Was will der Mann?
Kommt er zu mir? kommt er zu dir?
Was will denn der im Himmel hier?"

Nur eine stand und lachte nicht,
die war so lieb von Angesicht,
sie blickte schämig, hold und scheu
und war so schön und nagelneu.

Als die Hans Wundersam ersah,
ganz wundersamlich ward ihm da:
„Die nehm' ich!" rief er, „die allein!
Und keine andre soll es sein!"

Sie sah ihn an mit einem Blick
voll Himmelsglanz und Erdenglück,

und als er fragte: „Willst du mich?"
da sprach sie leis: „Ich liebe dich!"

Der Nikolaus, wie ihr hier schaut,
der hat die beiden dann getraut;
Sankt Peter und das Christkindlein,
die wollten selber Zeugen sein.

Auch kamen schmunzelnd Hand in Hand
die Könige aus dem Morgenland
und brachten dem beglückten Paar
die schönsten Hochzeitsgaben dar.

Das Englein aber – das ist wahr! –
besucht sie einmal jedes Jahr
und hat – wie ihr euch gleich gedacht –
auch stets was Schönes mitgebracht!

100 Jahre Alfred Hahn's Verlag

Der Alfred Hahn's Verlag kann in seinem Jubiläumsjahr 1998 auf eine traditionsreiche Geschichte zurückblicken. Durch die treffsichere Auswahl seiner Autoren und Illustratoren trug der Verlag am Anfang dieses Jahrhunderts wesentlich zur Entwicklung des modernen anspruchsvollen Kinderbuchs bei, das sich in dieser Zeit als eigenständiges Produkt etablierte. So entstanden einzigartige Bilderbücher wie „Die Häschenschule", die auch heute noch als Klassiker der Kinderliteratur gelten.

Im Jahre 1898 gründete Alfred Hahn den gleichnamigen Verlag in Leipzig, wo der Firmensitz bis 1953 blieb. Schon früh konnte Alfred Hahn die Mitarbeit von Illustratoren wie Fritz Koch-Gotha, Arthur Thiele und Ernst Kutzer gewinnen, die sich zum Teil schon als Karikaturisten einen Namen gemacht hatten und deren Kinderbuchillustrationen vor Witz und Ideenreichtum sprühen. Durch die ebenso glückliche Wahl der passenden Autoren wie Albert Sixtus, Wilhelm M. Busch und Adolf Holst garantierte der Verlag über Jahre hinweg eine produktive und erfolgreiche Zusammenarbeit. Neben den fröhlichen Tiergeschichten entstand durch die Aufnahme von Gertrud Caspari und später Else Wenz-Vietor in die Illustratorenriege ein weiterer Zweig, der sich als äußerst produktiv erwies: Das Kleinkinderbuch aus dickeren Pappseiten, „die bewährten unzerreißbaren Bilderbücher", plakativ bedruckt mit einfachen klaren Formen.

Etwa 1920 kaufte Walter Dietrich, dessen Druckerei bis dahin schon viele Bilderbücher des Hahn's Verlages hergestellt hatte, die Verlagsanstalt, und führte sie bis zu seinem Tode 1962 als Familienbetrieb weiter. 1943 fielen das Verlagsgebäude sowie die Druckerei der Gebrüder Dietrich den Bomben zum Opfer. Sämtliche Druckunterlagen wurden vernichtet, und viele Original-Illustrationen verbrannten. Trotz dieser Rückschläge wagte Walter Dietrich nach Kriegsende den Neuanfang, der sich in der damaligen sowjetischen Besatzungszone alles andere als einfach gestaltete. Schwierigkeiten bereiteten vor allem die Papierbeschaffung und die Erteilung von Druckgenehmigungen und Lizenzen.

Um diesen Problemen zumindest teilweise auszuweichen, entschloß sich Dietrich, eine Zweigstelle in Hamburg zu gründen, die am 31. Dezember 1949 als 'Alfred Hahn's Verlag Walter Dietrich KG' ins Handelsregister eingetragen wurde. Als die Hahn's Bilderbücher 1951 vom damaligen kulturellen Beirat der DDR für unerwünscht erklärt wurden und die Firma die Verlagslizenz verlor, zog das gesamte Unternehmen nach Hamburg um, wo es zunächst von Walter Dietrich, ab 1962 von seinen beiden Töchtern geführt wurde. Sie setzten die Verlagsarbeit während der folgenden 35 Jahre mit großem Engagement, Liebe zum Detail und Sinn für Tradition erfolgreich fort.

Seit 1997 gehört der Alfred Hahn's Verlag zum Esslinger Verlag J.F. Schreiber, der die Kinderbuchklassiker als Reprintausgaben in altbewährter Ausstattung für Jung und Alt weiterhin anbietet. Anläßlich des Jubiläums präsentieren sich vier der schönsten Bilderbücher in dieser limitierten Sonderausgabe.